Cornelia Haas · Ulrich Renz

Mein allerschönster Traum

My Most Beautiful Dream

Zweisprachiges Kinderbuch

mit Hörbuch und Video online

Übersetzung:

Sefâ Jesse Konuk Agnew (Englisch)

Hörbuch und Video:

www.sefa-bilingual.com/bonus

Kostenloser Zugang mit dem Kennwort:

Deutsch: **BDDE1314**

Englisch: **BDEN1423**

Lulu kann nicht einschlafen.
Alle anderen träumen schon –
der Haifisch, der Elefant, die
kleine Maus, der Drache, das
Känguru, der Ritter, der Affe,
der Pilot. Und der Babylöwe.
Auch dem Bären fallen schon
fast die Augen zu …

Du Bär, nimmst du mich mit in
deinen Traum?

Lulu can't fall asleep. Everyone
else is dreaming already – the
shark, the elephant, the little
mouse, the dragon, the
kangaroo, the knight, the
monkey, the pilot. And the lion
cub. Even the bear has trouble
keeping his eyes open …

Hey bear, will you take me
along into your dream?

Und schon ist Lulu im Bären-Traumland. Der Bär fängt Fische im Tagayumi
See. Und Lulu wundert sich, wer wohl da oben in den Bäumen wohnt?
Als der Traum zu Ende ist, will Lulu noch mehr erleben. Komm mit, wir
besuchen den Haifisch! Was der wohl träumt?

And with that, Lulu finds herself in bear dreamland. The bear catches fish in Lake Tagayumi. And Lulu wonders, who could be living up there in the trees?

When the dream is over, Lulu wants to go on another adventure. Come along, let's visit the shark! What could he be dreaming?

Der Haifisch spielt Fangen mit den Fischen. Endlich hat er Freunde! Keiner hat Angst vor seinen spitzen Zähnen.

Als der Traum zu Ende ist, will Lulu noch mehr erleben. Kommt mit, wir besuchen den Elefanten! Was der wohl träumt?

The shark plays tag with the fish. Finally he's got some friends! Nobody's afraid of his sharp teeth.

When the dream is over, Lulu wants to go on another adventure. Come along, let's visit the elephant! What could he be dreaming?

Der Elefant ist so leicht wie eine Feder und kann fliegen! Gleich landet er auf der Himmelswiese.

Als der Traum zu Ende ist, will Lulu noch mehr erleben. Kommt mit, wir besuchen die kleine Maus! Was die wohl träumt?

The elephant is as light as a feather and can fly! He's about to land on the celestial meadow.

When the dream is over, Lulu wants to go on another adventure. Come along, let's visit the little mouse! What could she be dreaming?

Die kleine Maus schaut sich den Rummel an. Am besten gefällt ihr die Achterbahn.

Als der Traum zu Ende ist, will Lulu noch mehr erleben. Kommt mit, wir besuchen den Drachen! Was der wohl träumt?

The little mouse watches the fair. She likes the roller coaster best. When the dream is over, Lulu wants to go on another adventure. Come along, let's visit the dragon! What could she be dreaming?

Der Drache hat Durst vom Feuerspucken. Am liebsten will er den ganzen Limonadensee austrinken.

Als der Traum zu Ende ist, will Lulu noch mehr erleben. Kommt mit, wir besuchen das Känguru! Was das wohl träumt?

The dragon is thirsty from spitting fire. She'd like to drink up the whole lemonade lake.

When the dream is over, Lulu wants to go on another adventure. Come along, let's visit the kangaroo! What could she be dreaming?

Das Känguru hüpft durch die Süßigkeitenfabrik und stopft sich den Beutel voll. Noch mehr von den blauen Bonbons! Und mehr Lollis! Und Schokolade!

Als der Traum zu Ende ist, will Lulu noch mehr erleben. Kommt mit, wir besuchen den Ritter! Was der wohl träumt?

The kangaroo jumps around the candy factory and fills her pouch. Even more of the blue sweets! And more lollipops! And chocolate!

When the dream is over, Lulu wants to go on another adventure. Come along, let's visit the knight! What could he be dreaming?

Der Ritter macht eine Tortenschlacht mit seiner Traumprinzessin. Oh! Die Sahnetorte geht daneben!

Als der Traum zu Ende ist, will Lulu noch mehr erleben. Kommt mit, wir besuchen den Affen! Was der wohl träumt?

The knight is having a cake fight with his dream princess. Oops! The whipped cream cake has gone the wrong way!

When the dream is over, Lulu wants to go on another adventure. Come along, let's visit the monkey! What could he be dreaming?

Endlich hat es einmal geschneit im Affenland! Die ganze Affenbande ist aus dem Häuschen und macht Affentheater.

Als der Traum zu Ende ist, will Lulu noch mehr erleben. Kommt mit, wir besuchen den Piloten! In welchem Traum der wohl gelandet ist?

Snow has finally fallen in Monkeyland. The whole barrel of monkeys is beside itself and getting up to monkey business.

When the dream is over, Lulu wants to go on another adventure. Come along, let's visit the pilot! In which dream could he have landed?

Der Pilot fliegt und fliegt. Bis ans Ende der Welt und noch weiter bis zu den Sternen. Das hat noch kein anderer Pilot geschafft.

Als der Traum zu Ende ist, sind alle schon sehr müde und wollen nicht mehr so viel erleben. Aber den Babylöwen wollen sie noch besuchen. Was der wohl träumt?

The pilot flies on and on. To the ends of the earth, and even farther, right on up to the stars. No other pilot has ever managed that.

When the dream is over, everybody is very tired and doesn't feel like going on many adventures anymore. But they'd still like to visit the lion cub.

What could she be dreaming?

Der Babylöwe hat Heimweh und will zurück ins warme, kuschelige Bett.
Und die anderen auch.

Und da beginnt ...

The lion cub is homesick and wants to go back to the warm, cozy bed.

And so do the others.

And thus begins ...

... Lulus
allerschönster Traum.

... Lulu's
most beautiful dream.

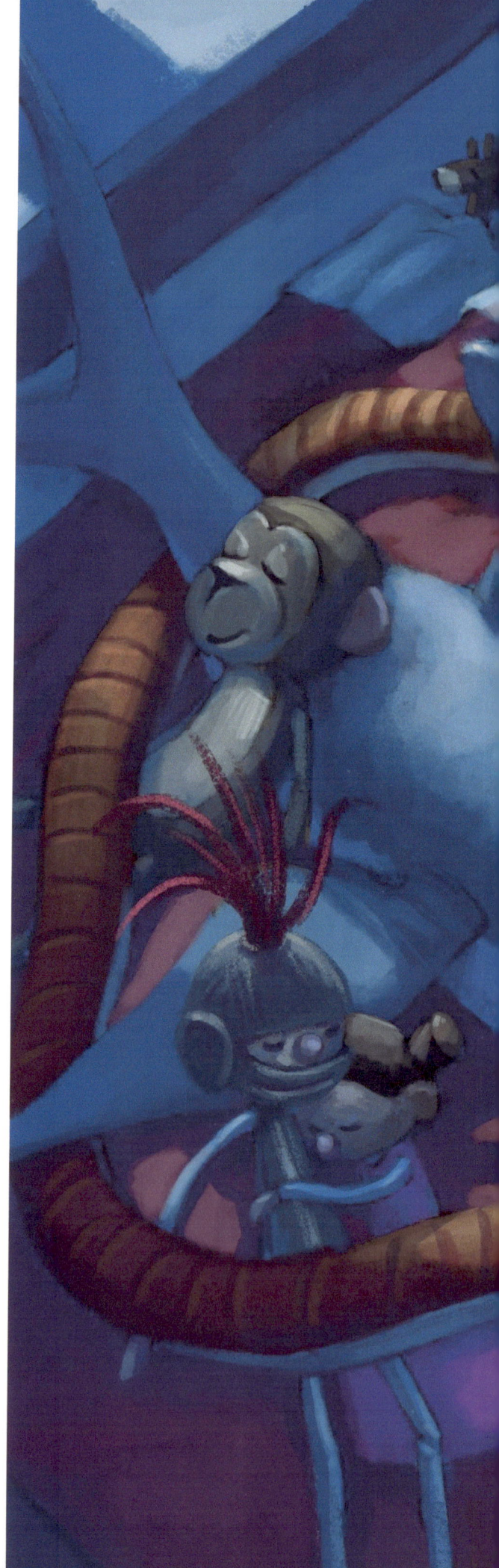

Die Autoren

Cornelia Haas, geboren 1972, machte zunächst eine Ausbildung zur Schilder- und Lichtreklameherstellerin. Danach hängte sie Schilder und Beruf an den Nagel und studierte Grafik-Design in Münster. Inzwischen illustriert sie mit großem Vergnügen Kinder- und Jugendbücher für verschiedene Verlage. Seit 2018 ist sie Professorin für Illustration an der Fachhochschule Münster.

Foto: Ingrid Hagenreich

Ulrich Renz wurde 1960 in Stuttgart (Deutschland) geboren. Er studierte französische Literatur in Paris und Medizin in Lübeck, danach arbeitete er als Leiter eines wissenschaftlichen Verlags. Heute ist Renz freier Autor, neben Sachbüchern schreibt er Kinder- und Jugendbücher.

Malst du gerne?

Hier findest du noch mehr Bilder der Geschichte zum Ausmalen:

www.sefa-bilingual.com/coloring

Schlaf gut, kleiner Wolf

Lesealter: ab 2 Jahren

mit Hörbuch und Video
online

Tim kann nicht einschlafen. Sein kleiner Wolf ist weg! Hat er ihn vielleicht draußen vergessen?
Ganz allein macht er sich auf in die Nacht – und bekommt unerwartet Gesellschaft...

In Ihren Sprachen verfügbar?

► Schauen Sie in unserem „Sprachen-Zauberhut" nach:

www.sefa-bilingual.com/languages

Ulrich Renz · Marc Robitzky

Die wilden Schwäne
The Wild Swans

Nach einem Märchen von

Hans Christian Andersen

+ audio   + video

Deutsch   bilingual   Englisch

Die wilden Schwäne

Nach einem Märchen von
Hans Christian Andersen

Lesealter: ab 4-5 Jahren

„Die wilden Schwäne" von Hans Christian Andersen ist nicht umsonst eines der weltweit meistgelesenen Märchen. In zeitloser Form thematisiert es den Stoff, aus dem unsere menschlichen Dramen sind: Furcht, Tapferkeit, Liebe, Verrat, Trennung und Wiederfinden.

In Ihren Sprachen verfügbar?

▶ Schauen Sie in unserem „Sprachen-Zauberhut" nach:

www.sefa-bilingual.com/languages

© 2024 by Sefa Verlag Kirsten Bödeker, Lübeck, Germany

www.sefa-verlag.de

Special thanks for his IT support to our son, Paul Bödeker, Freiburg, Germany

ISBN: 9783739962825